ALL THAT WAS FUTURE
TODO LO QUE FUE FUTURO

ALL THAT WAS FUTURE
TODO LO QUE FUE FUTURO

ILIANA PICHARDO URRUTIA
TRANSLATED BY KADIRI J. VAQUER FERNÁNDEZ

ALL THAT WAS FUTURE / TODO LO QUE FUE FUTURO

Mouthfeel Press is a bilingual press, publishing books in English and Spanish by emerging and established writers and poets. We publish fiction, nonfiction, and poetry. Books can be found at online booksellers, independent booksellers, our website, and authors' readings. For more information on how to obtain copies of this book or our catalog, contact: info.mouthfeelbooks@gmail.com or visit www.mouthfeelbooks.com.

Cover Photo: Urrutia Padilla Archive (Acapulco, 1951). [My grandparents, Raúl and Cristy on their honeymoon].
Cover Design by: Enzo Rodríquez Suárez
Interior Design: Kimberly James
Author Photo: Facundo Torrieri

ISBN 978-1-957840-37-6
Library of Congress Control Number
2 0 2 4 9 4 7 2 2 6

Published in the United States, 2024
$17

Para Facu, Emi y Sanchi

INDICE / CONTENTS

O frio especial das manhãs de viagem,
A angústia da partida, carnal no arrepanhar
Que vai do coração à pele,
Que chora virtualmente embora alegre.

Fernando Pessoa

Resguardaba, acaso, mi tal vez.
Mi propia leyenda áurea, entre la Sala de Primeros
Auxilios y la Unidad de Terapia Intensiva.
Y, a lo mejor también, lo no ocurrido en los futuros.
¿Me empujaba una esperanza o una confusión?
¿Esa esperanza venía de morir o de nacer?
Ni idea.

María Negroni

ALL THAT WAS FUTURE
TODO LO QUE FUE FUTURO

Un altar es

An Altar is

I.   POSTALES

Objetos rescatados del naufragio:
una postal
que compraste en una ciudad con puerto

tenía la ilustración a lápiz
de un baúl antiguo de viaje
y unos versos
la compraste porque ya añorabas
esa ciudad antes de irte

la sal da nostalgia, lo sabías
los espacios secretos
los interiores húmedos
la relación inversa con el tiempo

que no deja morir la presencia
y trae de vuelta los muros
las calles angostas
los tranvías

desde entonces la llevas contigo
en cada nueva vida

la muerte necesita altares, lo sabías.

I. POSTCARDS

Objects rescued from the shipwreck:
a postcard
you bought in a city with a harbor

it had a pencil drawing
of an old travel trunk
and some verses
you bought it because you longed
for that city way before you left it behind

salt brings about nostalgia, you knew that
the secret spaces
the humid interiors
the reverse sense of time

that keeps presence from dying
and brings back the walls
the narrow streets
the streetcars

since then, you carry it with you
for each new life

death needs altars, you knew that.

II. RASTROS

Un altar es:
todo lo que tu cuerpo dejó
como rastro

por ejemplo:
en un altar tu hermana
coloca la dentadura postiza
del abuelo, una corona de dientes
que nunca marchitaron

tú, en cambio,
guardas cosas volátiles
como las fotografías
—no todas—
solo aquellas inconexas que atan
situaciones impensables con un cuerpo

por ejemplo:
guardas una foto del abuelo
abrazando a la abuela
son los años setenta
y una gran manta atraviesa la calle
con la leyenda: «Vota Comunista»

no sabes por qué
esas calles esa ciudad
pero lo que ves
son dos jóvenes en una lucha
que no fue la suya

y eso te da esperanza
porque te recuerda que hay momentos
que toman la densidad del infinito
porque se es joven
porque se ama y se pelea
con la misma rabia.

II. TRACES

An altar is:
everything your body
left behind

for example:
on an altar your sister
places grandpa's false dentures
a crown of teeth that never withered

but you,
you keep volatile things
like photographs
—not all of them—
only the unrelated ones that tie
unthinkable situations to a body

for example:
you keep a picture of grandpa
holding grandma
it's the seventies
and a large banner runs through the street
with the caption: "Vote Communist"

you don't know why
those streets that city
but what you see
are two young people in a struggle
that was not their own

and that gives you hope
because it reminds you that some moments
take on the density of the infinite
because you're young
because you love and fight back
with the same rage.

III. CARTOGRAFÍA

No sabes quién enfrentará la batalla
de rastrear las huellas de tu mapa
la lista de objetos inservibles
que fueron tu refugio en ese closet

con el altar que tú fundaste
—figurines de pasta traídos por la abuela—
la catedral de tu imperio
tu fortaleza
que se derrumbaba
todas las veces que soñabas
con guerras a caballo
en las que siempre te morías

en esta fecha de la historia
en este día
has perdido el rastro:
una cartografía trunca
una botella secuestrada
por el vientre de una ballena
asesina

no sabes quién encontrará tus objetos
como el tesoro oxidado en la orilla
de alguna playa desierta

quién pondrá lo que fuiste
en un altar
entre las sombras

quién pensará que tus cartas
merecen una vela
que oriente tu nado
en la marea negra.

III. CARTOGRAPHY

You don't know who will fight the battle
to trace the footprints on your map
the list of useless objects
that were your refuge in that closet

with the altar you erected
—clay figurines grandma brought you—
the cathedral of your empire
your fort
shattered
every time you dreamt
of wars on horseback
in which you always died

on this date in history
on this day
you have lost track:
a scant cartography
a bottle held hostage
by the womb of a killer
whale

you don't know who will find your objects
like the oxidized treasure on the shore
of a deserted beach

who will place what you were
on an altar
among the shadows

who will see that your letters
deserve a candle
to guide
your swim in the black tide.

Para la muerte: un altar
For Death: An Altar

1: EL DESTIERRO

PALABRAS CLAVE
Nieve; sal; manzanilla; Pomada de la Campana.

ABSTRACTO

Destierro es expulsar a alguien de un lugar, un territorio determinado. Por ejemplo, es morir a la vida, lo que también se llama nacer con una sentencia de muerte. Morir es abrir los ojos a la nieve, la primera vez que un cuerpo se sostiene fuera del agua amniótica. La primera respiración sin un cordón cuyo ombligo es el Big Bang, la primera exhalación en solitario donde la madre es un afuera, una mirada que te nombra por primera vez, mientras acaricia tu pelo negro de ceniza. Tu hora es luna a medianoche de un día once de un mes uno. Eres todo uno, tu nombre son líneas verticales, la trayectoria hacia un afuera: un destierro. El lugar es un gran lago salado. Así es el nombre de esa ciudad que abre su tormenta de nieve para bautizarte. Los copos son marcas, como las huellas que un ave deja, un palpitar de cuervo, una avalancha que es vida y es silencio. Después, el estruendo, el viaje fuera hacia otra tierra que en realidad siempre fue la tuya. Pero algo te queda palpitando dentro, un corazón blanco, un desierto, y la vida no vuelve a ser la misma porque siempre serás un faro viendo a la distancia. Tu abuela en la tierra nueva te recibe, dice que tu pelo no es ceniza es fuego. Por eso el shampoo de manzanilla, porque quizás quiso decir que tiene la maleabilidad del color almendra. Quizás quiso decir que tu tez no es morena, tu tez es blanca, lo ha sabido siempre. Por eso el amor en forma de pomada: Pomada de la Campana para aclarar la piel que enmudece bajo un sol que aún no puede descifrar. Y es la luna de tu abuela quien te hamaca: *Muñequita linda de cabellos de oro,* que más tarde cambia por *cabellos negros* porque no hay pomada ni manzanilla que lustre lo que eres: una **X** marcada en el mapa blanco de la nieve.

1: THE EXPULSION

KEY WORDS
Snow; salt; chamomile; *Pomada de la Campana*

ABSTRACT

Expulsion means to expel a person from a place, a given territory. For example, it's to die into life, which is the same as being born with a death sentence. To die is to open eyes in the snow, the first time the body is held outside the amniotic fluid. The first breath without a cord whose navel is the Big Bang, the first exhalation in solitary when the mother is a surface, an eye that names you for the first time while she strokes your ash black hair. Your hour is the moon at midnight on the eleventh day of the first month. All of you is one, your name is made of vertical lines, the trajectory outwards: an exile. The place is a great salt lake. That is the name of the city that curbs its snowstorm to baptize you. The snowflakes are marks, like the tracks a bird leaves behind, a crow's heartbeat, an avalanche that is life and silence. Later, the explosion, the journey out onto a new earth that had always been yours. But something keeps beating inside you, a white heart, a desert, and life will never be the same because you will always be a lighthouse gazing at the distance. Your grandmother in the new land receives you, she says your hair is fire, not ash. This explains the chamomile shampoo, because she may have meant it has the malleability of the color almond. Perhaps she meant to say your skin is not dark, but white, she has always known that. This explains her love in the shape of pomade: *Pomada de la Campana* to lighten the skin that falls silent under a sun you are still unable to decipher. And it is your grandmother's moon that rocks you: *Muñequita linda de cabellos de oro,* later replaced with *cabellos negros* because there is no pomade nor chamomile to luster what you are: an **X** on the snow´s white map.

2: EL NIÑO DE AGOSTO

Quisiste morir un día de agosto

pero quizás no fuiste tú
tal vez te murieron

tenías casi dos años cuando
el vórtice se había creado

tu galaxia y tu muerte:
la segunda

un nombre fragmentado
luna partida
por la ausencia

tu abrigo se volvió
la humedad toda
de tu madre

la marca que una inundación deja
en la pared de alguna calle

hasta aquí llegó el agua
dice la marca
hasta aquí vivió

tu hermano

nació y murió
un día de agosto

también tú

un cuerpo roto
que no quería morir
pero moría.

2: THE AUGUST BOY

You wished to die on an August day

but perhaps it wasn't you
maybe you were left to die

you were almost two years old
when the vortex was invented

your galaxy and your death:
the second one

a fragmented name
a moon split
by the absence

your shelter became
all of your mother's
humidity

the mark left by a flood
on a street wall

the water made it this high
says the mark
lived this far

your brother

born and died
on an August day

so were you

a broken body
that did not wish to die
but was dying.

3: QUERER VOLAR NO TE HACE AVE

A Mita

Su cuerpo era frágil
en el aire
la gravedad truncó
su vuelo

¿hermana – pájaro?

estaba en el piso hecha ovillo contra la cama. quiso volar de un
colchón a otro como si fueran montañas, pero antes de llegar
aterrizó en la base de la cama de cemento

duro

frío

cuando desplegó su cuerpo viste que su pierna ya no era para
caminar, ahora era una funda de sangre, un río, una canoa, que
asomaba las costuras, las capas intermedias de los músculos y el
hueso, como el carozo de una fruta roja, una ciruela, abierta de par
en par

estaban solas
en ese cuarto de hotel
de playa
habían subido a ponerse el traje de baño
para ir al mar

3: WANTING TO FLY DOES NOT MAKE YOU A BIRD

For Mita

Her body was fragile
in the air
gravity stifled
her flight

sister — bird?

she was on the ground curled up against the bed. she wished to fly
from one mattress to the next as if they were mountains, but before
landing she crashed on the base of the cement bed

hard

cold

when she spread out her body you saw that her leg was no longer for
walking, now it was a bag of blood, a river, a canoe, that revealed the
seams, the muscles' inner layers and the bone, like the pit of a red
fruit, a plum, cut wide open

both of you were alone
in that hotel room
at the beach
you had gone to put your bathing suits on
to head to the sea

tú batallabas con la puerta / una ballena pesada que no quería
abrirse // tu hermana golpeaba la ventana / desde una torre gritaba /
un aullido de sirena agonizante >> tú, cuerpo de niña de ocho años
desnudo, resbaló sobre ese piso rojo, un tapete de arterias y venas
desbocadas // entendiste lo que es el adentro de la piel / lo que ha de
morir >> tú, otra muerte >> recordatorio: el cuerpo es ~~frágil~~ // la que
destrabó la puerta fue tu hermana y por protegerla corriste por el
pasillo / gacela ensangrentada / detrás iba ella con sus plumas rojas
derrotadas / arrastrando una extremidad que iba dejando el trazo de
su vuelo sobre el piso

    abuelo tomó el control de todo
    se llevó a papá-pájaro y mamá-pájaro
    que no atajaban el vuelo
    porque sus ojos y sus brazos
    acunaban en su nido a ese polluelo maltrecho
    que graznaba en su dolor

    Tú, efigie roja, te quedaste con la abuela
    quietecita y de pie
    contra la pared mirabas
    a las camaristas que afanadas
    quitaban sábanas
    limpiaban rastros

    de sus juegos de niñas
    y campos de batalla.

you wrestled with the door / a heavy whale that refused to yield //
your sister banged on the window / from a tower she yelled / the
wail of an agonizing siren >> you, a girl's eight-year-old body, slipped
on that red floor, a carpet of scattered arteries and veins // you
understood what is inside skin / what will die >> you, another death
>> reminder: the body is ~~fragile~~ // your sister unlocked the door and
to protect her you ran through the hallway / a bloody gazelle / she
followed you with her fallen red feathers / dragging along a limb that
drew a trail of its flight on the floor

    grandpa assumed control of everything
    he guided papa-bird and mama-bird
    they couldn't catch flight
    because their eyes and arms
    coddled that wounded baby bird
    that screeched in pain in their nest

    You, red effigy, stayed with grandma
    still and leaning
    against the wall you watched
    as the chambermaids swiftly
    changed the blankets
    cleaned up the traces

    of your childhood games
    and battlefields.

4: TRES CARAS DE LA ASFIXIA

Empezar por tus pulmones,
la cara de ti
que está más vuelta para adentro
la mirada de bronquios
de lóbulos con sedimentos
de sal adherida a los bordes
como costras marinas
desterradas

tus pulmones:
dos alas azules
descalabradas de aire

asma

un nombre retenido
en la deuda seca
de la ausencia

tu madre
te lleva
polilla de diez años
por la ceniza de la noche

tus escamas van cayendo
sobre un pasillo
angosto de hospital

tú
mapa de islas
y agujeros
languideces

en su cuerpo de leche
que es origen
y principio
de tormenta.

4: THREE FACES OF ASPHYXIA

Start with your lungs
the face of you
turned inwards
the shape of bronchi
of sedimented lobes
of salt adhered to the edges
like banished marine
crust

your lungs:
two blue wings
wounded by air

     asthma

a name retained
by the dry debt
of absence

your mother
leads you
ten-year-old moth
across the ashes of the night

your scales falling
on a narrow
hospital hallway

you
a map of islands
and crevices
languish

in her milky body
that is the origin
and beginning
of the storm.

5: LA CAÍDA

Ese día te diste cuenta
no eras igual a ellas
aunque vistieras igual
tu cuerpo era otro

una crisálida mullida
un talle aletargado
de tanto crecer
por todos los lados
incorrectos.

Ese día habías de bailar
con ropa entallada
delante de la escuela
marcar los pasos al unísono

brillar fosforescente
luciérnaga lampareada
por tu propio principio.

Entonces recordaste
a la abuela que se vendaba
el pecho cuando niña
porque había empezado
a crecer

manzana madura
empujando hacia afuera
para ser vista
¿y comida?

Tú hiciste lo mismo
fingiste una muerte
una caída

para no ser lo que no entendías
para no ser lo que escondías

5: THE FALL

That day you realized
you were not like the other girls
even if you dressed the same way
your body was other

a soft chrysalis
a lethargic torso
that grew
in all the wrong
places.

That day you would dance
wearing fitted clothes
in front of the school
marking each step in unison

fluorescent glow
a firefly bewildered
by your own beginning.

Then you remembered
grandma bound her
chest as a child
because she had started
to grow

ripe apple
thrusting outwards
to be seen
and eaten?

You did the same as her
fake a death
a fall

to not be what you could not grasp
to not be what you were hiding

te vendaste el pecho
también
y bailaste

¿brillabas?
o rodabas mordida
ocultando tus alas
por el escenario.

you bound your chest
also
and you danced

did you shine?
or did you roll wounded
hiding your wings
across the stage.

6: SONÁMBULA CON FRÍO

Sucede que tu cerebro se cansó
de ti, de verte languidecer
en tu silla mecedora,
anciana de once años

recogiendo del piso
el pelo arrancado
por tanto pensar
y darle vueltas a la vida.

Tu cerebro ganó autonomía
y decidió sacarte de tu muerte:

nunca estuviste tan lejos
de ti misma como cuando
desdoblaste la cama
y deambulaste, quizás
por las calles de esa ciudad
invisible.

Te despertó de golpe el llamado
de tu mano y encontraste
a tu padre del otro lado
de la puerta

el rostro desencajado
como si lo que viera fuera
un color de inframundo

te preguntó *¿dónde estabas?*
tú no supiste qué responder
porque tampoco lo sabías

pero tu cerebro habló por ti:
tenía frío y fui a buscar un abrigo

6: COLD SLEEPWALKER

Turns out your brain got tired
of you, of seeing you languish
in your rocking chair,
eleven-year-old elder

collecting strands of pulled hair
from overthinking
and dwelling on life
from the floor.

Your brain gained autonomy
and decided to release you from your death:

you had never been as far
from yourself like when you
unfolded the bed
and drifted, perhaps
through the streets of that invisible
city.

You were suddenly woken
by your fist's knock on the door
and you encountered your father
on the other side

his face dislocated
as if he had seen
an underworld color

he asked, *where were you?*
you didn't know what to reply
because you didn't know the answer either

but your brain spoke for you:
I was cold and I went to get a coat

tu padre sin comprender en absoluto
la locura, te mandó de regreso
a la cama sin comer

      [es medianoche y nadie come
      nadie habla
      nadie deambula
      solo tú.]

A esta muerte despierta
le siguieron otras
mensajes encriptados desde
la dimensión de la noche

también siguieron
electrocardiogramas
resonancias magnéticas
estabas mal

tenías que estarlo
no se explicaba de otra forma
tu despertar anárquico
del sueño.

Lo que tu cerebro nunca
explicó en su laberinto
de surcos y recuerdos
es que de ese lado de
la noche en que habitabas

el frío tumbaba tus dientes
y te hacía despertar
buscando a tientas

todo el calor
del mundo.

your father utterly oblivious
to madness, sent you back
to bed without dinner

        [it's midnight and no one eats
        no one speaks
        no one wanders
        except you.]

This sleepless death
was followed by other
encrypted messages from
the dimension of the night

there were also
electrocardiograms
magnetic resonances
you were not well

you must not have been
what else could explain
your anarchic awakening
from sleep.

What your brain never
explained in its labyrinth
of furrows and memories
is that on that side of
the night where you lived

the cold rattled your teeth
and it'd wake you
to search for

all the heat
in the world.

7: LA MÁQUINA DE COSER

A Carmen

Tardaste mucho en descubrir
que al nombre de la abuela
lo llevaban los pescadores
en el pecho, cargando maderos
en un altar
por encima del agua

su nombre, como el tuyo
era la sal que alimenta y mata
a los marineros

sus ojos verdes eran toda
la orilla de la vida
donde se acunan
los corales del silencio

eso hubo siempre entre sus manos
borlas de ausencia y de ternura
una vida larga

un tejido de historias
una máquina de coser
que guardaba sus pestañas desgarbadas

su muerte te tomó por sorpresa
porque su cuerpo era
una roca persistente

en su casa
conociste el espacio
sin la forma
entre sus telas

solo la espuma
de su nombre
en las costas
de tu cuerpo.

7: THE SEWING MACHINE

For Carmen

It was long before you realized
that fishermen wore
your grandmother's name
on their chest, carrying logs
on an altar
above the water

her name, like yours
was the salt that fed and killed
sailors

her green eyes were
the whole shore of life
where the coral of silence
moves back and forth

always there in her hands
tassels of absence and tenderness
a long life

a weave of stories
a sewing machine
that kept her lanky eyelashes

her death took you by surprise
because her body was
a persistent rock

in her house
you discovered space
without shape
among her fabrics

only the foam
of her name
on the coasts
of your body.

8: DAÑOS A LA NACIÓN

PALABRAS CLAVE
Andamio; Prozac; Lexotan; Código Penal Federal

ABSTRACTO

A veces, se llega al infierno en coche, pensaste, mientras te quedabas dormida manejando. Un minuto, voy a dormir un minuto, te dijiste, para no recordar su cuerpo azul que te había dejado partida junto a la ventana.

En esos segundos de ojos cerrados viste pasar la vida por delante, como una película, así dicen los que han muerto y regresado para contar que existe un túnel. Tú no viste un túnel. Solo sus manos, enterrándote en una caja debajo de un árbol del desierto.

Te despertó de golpe el estruendo. Sobre ti caía un polvillo de cal. Esto debe ser el más allá, pensaste, cuando varios hombres con cascos llegaron a abrir tu puerta para sacarte del armazón metálico que alguna vez fue tu coche. No entendías nada, solo habías querido dormir unos minutos, olvidar sus manos.

Querías recuperar tu mochila, pero te dijeron que te convertirías en sal si volvías atrás la vista. *Está por caerse*, te decían, pero tú sabías que lo único derrumbado era la casa que habitabas en sus ojos.

Entonces viste por primera vez el paisaje que habías intervenido: un andamio recibió el impacto de tu cuerpo. Sin él, hubieras descendido a un hoyo perforado hasta el centro de la tierra, y te habrías perdido ahí, y ni el Prozac/Lexotan salvarían a tu corazón desbarrancado.

La estructura metálica sostuvo tu esqueleto, te dejó en la tierra *árbol que crece torcido*. Llegó una patrulla y en medio de tantos hombres, una mujer se acercó a ti, creíste que había venido a darte agua, pero en vez de un vaso te puso un micrófono delante y transmitió tu nombre en la radio nacional.

8: DAMAGES TO THE NATION

KEY WORDS
Scaffold; Prozac; Lexotan; Federal Penal Code

ABSTRACT

Sometimes, you land in hell by car, you thought, as you fell asleep while driving. One minute, I am going to sleep for one minute, you told yourself, to forget his blue body that had left you broken next to the window.

During those seconds of closed eyes, you saw life pass before you, like a movie, that's what people say when they die and come back to life to report there is a tunnel. You did not see the tunnel. Only his hands burying you in a box under a tree in the desert.

You woke up suddenly from the crash. Fine lime dust came down over you. This must be the afterlife, you thought, when several men with helmets opened your door to pull you out of the metallic framework that was once your car. You didn't understand a thing, you had only wanted to sleep a few minutes to forget his hands.

You wanted to recover your backpack, but they told you that you'd turn into salt if you looked back. *It's about to fall*, they said, but you knew the only fallen thing was the house you inhabited in his eyes.

Then, for the first time, you saw the landscape you had intervened: a scaffold received the impact of your body. Without it, you would have descended into a deep hole to the center of the earth, and you would have been lost there, and not even Prozac/Lexotan would save your derailed heart.

The metallic framework held your bones, it kept you earthside, *árbol que crece torcido*. A police patrol arrived and among so many men, a woman approached you, you thought she had come to give you water, but instead of a glass she placed a microphone in front of you and broadcasted your name on national radio.

Los policías, entonces, te subieron a esa patrulla hasta los separos y ahí te hicieron caminar en línea recta, pero tú eras todo olas, un vaivén de tormenta. *Tiene que llamar a alguien,* te dijeron. Pero te negaste porque sabías que la simetría de tu cuerpo bocabajo se había desmantelado.

Cuando niña nunca pensaste que alguna vez algún hombre de corbata te leería en voz alta los cargos presentados contra ti: *Daños a la nación.* ¿Cuál nación? Tu única nación reconocida, tu único país era el de la ausencia, y por eso terminaste por llamar a tu abuelo, viejo lobo de mar, narval en aguas borrascosas, para que te rescatara de ti misma: tu naufragio.

Then, the cops put you inside the police patrol headed to the cells and there they made you walk a straight line, but you were all waves, a ripple of storm. *You have to call someone,* they said. But you refused because you knew the symmetry of your body face down had been dismantled.

As a child you never imagined that one day a man with a tie would read the charges pressed against you out loud: *Damages to the Nation.* What nation? The only nation you recognized, your only country was that of absence, and that is why you ended up calling your grandfather, old sea wolf, narwhal in turbulent waters, to rescue you from yourself: your shipwreck.

9: EN EL BOSQUE

A Emi

> Si te hubieran dicho
> que también se moría
> a la vida
> ¿lo hubieras creído?

el primer anuncio fue verde porque se gestó desde las raíces del bosque en que vivías. Estabas tan acostumbrada a la humedad bajo la tierra que jamás pensaste que lo que había en tu interior podría multiplicarse. Cuando por primera vez escuchaste sus latidos, como una orquesta diminuta, te sorprendió saber que tu cuerpo era capaz de caminar con

    dos

    corazones

antes de su llegada, al sol lo cercó un enorme aro y supiste que tu cuerpo esférico sería otro para siempre

    tu adentro

    un afuera

la sentiste acercarse una madrugada / con la luna llenándose como una vasija láctea // tu cuerpo era un tambor de agua // dolor de caverna / rugido de hambre de bruja // estabas por parir al mundo >> tú, estabas por ser el primer país de alguien >> una mujer / la primera que te llamaría Tierra / el origen

9: IN THE FOREST

For Emi

> Had they told you
> dying into life
> was possible, too
> would you have believed it?

The first sign was green because it was gestated from the roots of the forest where you lived. You were so used to the humidity under the earth that you never thought what was inside you could multiply. When you heard her heartbeat for the first time, like a tiny orchestra, you were surprised your body could walk with

two

hearts

before her arrival, the sun was surrounded by a huge ring and you knew your spherical body would be other forever

your inside

an outside

you felt her move close near dawn / the moon filling up like a milky vessel // your body was a drum of water // cavern pain / the roar of a hungry witch // you were on the verge of giving birth to the world >> you were about to be someone's first country >> a woman / the first to call you Earth / the origin

treinta horas
y una madrugada
para parirla
cuerpo en el cuerpo

así olía la casa nueva con ella / todo pedacitos de almidón y miel // todo
diminutivo y amasijos de escarcha de bosque / porque su piel era de
niebla y su llanto piedras de río // Chinutus le pusieron a ese retoño de
ti porque sus ojos eran alargados como almendras // entendiste lo que
es nacer de nuevo >> tú, otra vida >> recordatorio: el cuerpo resiste

porque el fuego es el fuego
cuando lo que toca
es la vida.

thirty hours
and a break of day
to give birth to her
body in the body

that is how the new house smelled with her / all small pieces of starch
and honey // all miniature and bundles of forest frost / because her
skin was made of fog and her tears of river rocks // Chinutus they
called that piece of you because her eyes were long like almonds //
you understood what it meant to be born again >> you, another life >>
reminder: the body resists

because fire is fire
when it comes to
life.

10: EL ACANTILADO

A Raúl

El día de su muerte
te dejaron parada
en la banqueta

caminaste desdibujando
la calle, porque sabías
que a los muertos no les gustan
las avenidas rectas ni semáforos.

Te fuiste contando los años
del abuelo al revés:
ochenta y seis veces
su mismo nombre

y musitaste su canción,
esa que hablaba sobre
un farol que alumbra
una calle desierta.

Pensaste que en donde hubiera
música lo encontrarías, o donde las cosas
estuvieran invertidas: él siempre
hizo todo descosido.

Apenas horas antes, los músicos
al pie de su cama cantaban
I Left My Heart in San Francisco

porque así era su cuerpo todo
una trenzadura de risas,
travesuras e incongruencias.

38

10: THE CLIFF

For Raúl

The day of his death
they left you
on the sidewalk

you walked undoing
the street because you knew
the dead does not appreciate
straight avenues or traffic lights.

You left counting down
grandfather's years:
eighty-six times
his own name

and you muttered his song,
the one about
a streetlight illuminating
a deserted street.

You thought wherever
there was music, you'd find him, or wherever things
were upside down: he always
did everything erratically.

Only hours before, the musicians
at the foot of this bed sang
    I Left My Heart in San Francisco

because his whole body
was a thread of laughter,
mischief and contradictions.

Lo encontraste en su cama,
su cuerpo estaba ahí
pero él flotaba

como nunca o como siempre
rezaste para ubicar
su voz

y la hallaste en el borde
de aquel acantilado donde
le abriste la puerta:

tu forma era la de un perro
que alumbra el inframundo
y que atraviesa
la espuma de los muertos
hasta el océano.

En la cama seguía su cuerpo
        I Left My Heart in San Francisco
pero ahora la muerte estaba
frente a ti
honda y ausente crujiendo
sus dientes con los tuyos

en aquel momento supiste
que ya no habría nada
en el mundo
que sonara a él.

Esto es la muerte, te dijiste
este puñado de cenizas
este acantilado
este principio
que nunca.

You found him on his bed,
his body was there
but he floated

like never before or like always
you prayed to reach
his voice

and you discovered it on the edge
of that cliff where
you opened the door for him:

your shape was that of a dog
lighting up the underworld
and piercing through
the foam of the dead
as far as the ocean.

His body remained in bed
   I Left My Heart in San Francisco
but now death was
before you
deep and absent, grinding
its teeth against yours

in that moment you knew
nothing else
in the world
would sound like him.

This is death, you told yourself
this fistful of ashes
this cliff
this beginning
that never.

11: UN DESIERTO

A Sanchi

Saberte poseedora
de algo en exceso
te atormentaba

y eso era ese niño, un exceso de vida / y la vida te daba miedo, porque
pensabas que algo dentro de ti era incapaz de engendrar varones /
tenías miedo de no poder contener a ese nuevo ser que crecía en tu
adentro / miedo a los tentáculos del niño de agosto

enraizados a

tu vientre

pero él entró galopando como diciendo *todo esto soy* contigo / un sol
pulsando en el desierto // tu desierto >> tan abigarrado de cactus
/ y aún sin conocerte ya era todo tuyo // sus latidos preparando tu
colmena

dos horas
le bastó
a su cara de sol
para asomarse

al amanecer fuiste puras sílabas de viento / la rapidez de un espasmo /
ver a su padre cortar el cordón que los unía / sus ojos de río acunando
al cuerpo diminuto y fuerte de semilla // un retoño de él / estrella
alumbrada >> tú, renaciste >> recordatorio: parir en estos tiempos es
un acto radical de esperanza > le pusieron Coco rayado por la marca
que dejó el doctor en su cabeza al romper tu fuente

11: A DESERT

For Sanchi

> Knowing you were in possession
> of something in excess
> tormented you

and that's what that boy was, an excess of life / and life terrified
you, because you thought something inside you was incapable of
breeding men / you feared you'd not be able to contain that new
being that grew within you / you feared the August boy's tentacles

> rooted in
>
> your womb

but he dashed in as if he said *I am all of this* with you / a sun
throbbing in the desert // your desert >> a jumble of cacti / and even
without knowing you he was all yours // his heartbeats preparing
your beehive

> two hours
> were enough
> for his sun face
> to appear

by dawn you were all syllables of wind / the speed of a spasm /
seeing his father cut the umbilical cord that joined them / his river
eyes rocking the tiny and strong body-seed // a sprout of his own / a
birthing star >> you, were reborn >> reminder: giving birth in these
times is a radical act of hope > they called him *Coco Rayado* because
of the mark the doctor left on his head when he broke your waters

Coco rayado
dormido, pegado a ti
su corazón latiendo
suave

afuera
una llovizna de aguanieve
cayendo
en completo
silencio.

Coco Rayado
asleep, pressed on you
his heart beating
softly

outside
a drizzle of snowy water
falling
into complete
silence.

ARS POÉTICA

Estás hecha de historias
el ordenamiento de un verbo
la columna vertebral
de tus recuerdos : erosionados

cada muerte es un poema

de todo lo que tu cuerpo dejó
como rastro
todos tus objetos
todas tus historias
de barcos humeantes : de naufragios

cada poema es un altar

una postal que llevas
huesos en blanco : que hay que reescribir

cada altar es un recordatorio

muerte tras muerte: en el río
no eres la misma
tus muertes : once de ellas
llenas de flores bailan

anticipando la pérdida
de todo aquello que será
futuro.

ARS POETICA

47

You are made of stories
the placement of a verb
the backbone
of your memories: eroded

every death is a poem

of all your body left
as a clue
all of your objects
all of your stories
of steaming vessels: of shipwrecks

every poem is an altar

a postcard you carry
blank bones: that must be rewritten

every altar is a reminder

death after death: in the river
you are not the same
your deaths: eleven
filled with flowers, dance

anticipating the loss
of all things that will be
future.

AGRADECIMIENTOS / ACKNOWLEDGMENTS

Este libro no existiría si no fuera por la generosidad y complicidad
de Kadiri J. Vaquer Fernández. Gracias por creer en mí.

A Maria Maloney y Mouthfeel Press,
por darle una casa a estos altares.

A Facu, Emi y Sanchi, por ser la razón de todo.

A Papá, Mamá, Mita, Claudio, Moshi y Tora-chan, por sostenerme.

A mis abuelos maternos, Raúl y Cristy; a mi abuela paterna,
Carmelita, por la presencia que persiste.

———————————————————

This book would not exist if it were not for the generosity and
complicity of Kadiri J. Vaquer Fernández.
Thank you for believing in me.

To Maria Maloney and Mouthfeel Press,
for giving a home to these altars.

To Facu, Emi, and Sanchi, for being the reason for everything.

To Papá, Mamá, Mita, Claudio, Moshi and Tora-chan,
for supporting me.

To my maternal grandparents, Raúl and Cristy; to my paternal
grandmother, Carmelita, for the presence that persists.

AUTHORS' BIO

Iliana Pichardo Urrutia is a writer and documentary filmmaker. Her artistic practice explores themes of identity, migration, memory, and motherhood. Growing up in Mexico City, she studied Communication at the Universidad Iberoamericana and completed the Diploma in Creative Writing at the SOGEM School of Writers. As a screenwriter, she has contributed to television series, documentaries, and fiction. Her recent documentary essay, *Los aparecidos* (2018), which she co-directed, received the Jury Prize at the First Experimental Practice and Short Film Competition of the Filmoteca UNAM and the DocsMX Festival. She is the co-founder of Buñuelos, an artist collective focusing on transmedia projects. Iliana's literary work has been featured in *Revista de la Universidad, Rio Grande Review, SmokeLong Quarterly,* and *Tierra Adentro,* and others. She received the Career Development Grant from the American Association of University Women (2022-2023) and First Place in Poetry in the 2022 UTEP Bilingual Creative Writing Awards and Second Place in Nonfiction. She earned her MFA in Creative Writing at the University of Texas El Paso where she serves as an adjunct instructor.

Kadiri J. Vaquer Fernández is a poet, translator and professor of language, culture and literature. She has published two collections of poetry, *Andamiaje* and *Ritos de pasaje,* and she translated the anthology *Literary Works by 10 Dominican* Women. Her work can be found in literay magazines and anthologies such as The Puerto Rico Review, 80 Grados, Cantera, Claridad, Furman 217, In My Secret Life. She has a BA in Interdisciplinary Studies from the University of Puerto Rico, an MFA in Creative Writing in Spanish from NYU, and a PhD in Spanish and Portuguese from Vanderbilt University.